LASS UNS ÜBER SEXUELLE FANTASIEN UND WÜNSCHE REDEN

Fragen und Gesprächseinstiege für Paare, die ihre sexuellen Interessen erforschen möchten

Was macht *dich* an?

J.R. James

„Jenseits der Bettlaken"-Reihe

Buch 1

Copyright © 2019 J.R. James

Alle Rechte vorbehalten.

ISBN: 978-1-952328-27-5

Verleih deinem Sexleben noch mehr Würze und entdecke alle „Lass uns reden" erotischen Fragebücher von J.R. James:

Lass uns über sexuelle Fantasien und Wünsche reden

Verleihe deinem Sexualleben Würze, indem du in sexuelle Fantasien eintauchst und deine sexuellen Interessen erforschst. Erkunde die sexuelle Vergangenheit deines Partners und finde heraus, was ihn wirklich erregt. Heizt die erotische Energie bei der Entdeckung von Dingen an, die vorher nie enthüllt wurden und sprecht aus, was euch wirklich antörnt!

Lass uns über Nicht-Monogamie reden

Interessiert an offenen Beziehungen, Swinging oder Polyamorie? Wenn du ethische Nicht-Monogamie jeglicher Art erkunden möchtest oder bereits praktizierst, werden diese aufschlussreichen Gesprächsfragen dir und deinem Partner dabei helfen, sexuelle Wünsche, Grenzen und Erwartungen gemeinsam zu untersuchen und zu diskutieren.

Lass uns über sexuelle Vorlieben und Fetische reden

Möchtest du gerne mit deinem Partner euren sexuellen Horizont erweitern? Willst du im Schlafzimmer verwegener werden, weißt aber nicht, wo du anfangen sollst? Wenn du einen inneren Wildfang hast, der nur darauf brennt, endlich freigelassen zu werden, dann ist dieses Buch für dich.

*****

Noch ein Wort zum Sprachgebrauch: Um
die Fragen gut verständlich und lesbar zu
halten, wird in diesem Buch größtenteils
die männliche Form benutzt (z.B. „dein
Partner" statt „dein Partner oder deine
Partnerin"), natürlich sollen aber alle
Geschlechter damit angesprochen werden.
Passt die Fragen also eurer persönlichen
Situation und Beziehungskonstellation an!
*****

Worum es in diesem Buch geht

Vor einigen Sommern waren meine Frau und ich auf einer langen Autoreise quer durch die Staaten. Während wir durch die sanften Hügel und die goldenen Prärie-Landschaften des Mittleren Westens fuhren, taten wir all die normalen Dinge, die ein Paar auf einer gemeinsamen Autofahrt so tun kann. Wir redeten, hörten Musik und spielten alberne Spiele, um uns die Zeit zu vertreiben. In Vorbereitung auf unsere lange Fahrt hatte ich ein „Fragebuch" für Paare gekauft. Wir wechselten uns am Steuer ab und amüsierten uns damit, uns gegenseitig die leichtherzigen Fragen zu stellen, die das Buch bot.

Auf einer der Seiten gab es ein paar erotische Fragen der Art „Würdest du in Betracht ziehen ...". Meine Frau saß gerade am Steuer, also war ich an der Reihe, die Fragen zu stellen. Als ich die Seite las, setzte mein Herz einen Schlag aus. Eine der Fragen sprach eine große sexuelle Fantasie von mir an. Aus welchem Grund auch immer: ich hatte mich nie wirklich getraut, diese Fantasie mit ihr zu teilen – aber jetzt hatte ich plötzlich die Chance, sie doch einmal zu fragen, wie sie darüber dachte. Das Beste daran? Es war nicht wirklich ich, der die Frage stellte, es war das Buch! Ich werde nie den elektrischen Schauer vergessen, der mich durchlief, als sie für einen Moment die Frage erwog und antwortete: „Ja, dafür wäre ich vielleicht offen."

Diese Antwort war der Auftakt zu einem Gespräch, das ich für das heißeste und erotischste meines Lebens halte. Wir waren zu dem Zeitpunkt etwa acht Jahre zusammen und doch fühlte es sich an, als würde ich ihre sexuelle Präsenz zum ersten Mal wiederentdecken. Dieser Nachmittag im Auto wird mir für immer in Erinnerung bleiben und mein Herz schlägt immer noch schneller, wenn ich daran zurückdenke. Dieses eine sexuell aufgeladene Gespräch führte in den darauffolgenden Jahren zu vielen wunderbaren Abenteuern und Diskussionen.

Die Erfahrung hat mir zu denken gegeben, da mir klar wurde, dass wir uns oft mit unseren geheimen Fantasien, Wünschen oder Leidenschaften vor unserem Partner „zurückhalten", ohne es überhaupt zu wissen. Ob aus Scham oder Verlegenheit, absichtlich oder unabsichtlich – manche Menschen sprechen so niemals darüber, was sie *wirklich anmacht*. Und dafür ist dieses Buch gedacht. Es ist ein Werkzeug, das es euch ermöglicht, Fragen zu stellen und die Vorlieben, Abneigungen, Wünsche und Fantasien eures Partners zu erkunden.

Es spielt keine Rolle, ob ihr eine Woche zusammen oder zehn Jahre verheiratet seid, ob hetero, bi, schwul, lesbisch oder anders – auf diesen Seiten finden sich Fragen für jeden. Die Gesprächseinstiege in diesem Buch variieren zwischen mild und explizit. Wenn ihr euch mit einer bestimmten Frage nicht wohl fühlt, geht zu einer anderen über. Manche der Paare, die dieses Buch lesen, denken vielleicht, dass sie bereits alles wissen, was es über ihren Partner zu wissen gibt. Ich empfehle trotzdem, alle Fragen durchzugehen. Dein Partner wird dich vielleicht noch überraschen.

Ob ihr dieses Buch umgeben von Kerzen und bei einem Glas Wein lest oder während einer langen Autofahrt oder sogar auf einer Party mit anderen Paaren: haltet Ohren, Herz und Geist offen. Seid verständnisvoll. Seid ehrlich. Und denkt daran, dass Gespräche das Wichtigste sind.

Viel Spaß!

Was dieses Buch nicht ist

Dieses Buch soll Grenzen erweitern und neu definieren. Allerdings ist es nicht für unsichere Paare oder Einzelpersonen gedacht oder solche, die zu Eifersucht neigen.

Dieses Buch ist nicht als Ersatz für therapeutische Gespräche gedacht und dient nur zu Unterhaltungszwecken. Wenn ihr sexuelle oder beziehungsbezogene Probleme habt, empfehlen wir dringend einen Sexualtherapeuten oder Eheberater.

Wir sprechen weder besonderen Empfehlungen für Dinge in diesem Buch aus, noch ermutigen wir Handlungen oder Verhaltensweisen, die außerhalb der Grenzen liegen, innerhalb derer sich eine Person wohl fühlt. Darüber hinaus empfehlen wir keine unsicheren Sexualpraktiken oder regen dazu an.

Die Gesprächseinstiege in diesem Buch sind nicht als vollständige Liste aller Fetische, Vorlieben oder Fantasien gedacht. Es sind einfach nur Einstiege, die euch hoffentlich in tiefere Diskussionen führen werden. Ihr könnt also gerne die Fragen noch ausarbeiten und improvisieren.

1

Was sind die Bereiche deines Körpers, an denen du am liebsten geküsst wirst? Irgendwelche ungewöhnlichen erogenen Zonen?

2

Abgesehen vom Schlafzimmer: Wo sonst im Haus würdest du gerne Sex haben?

3

Beschreibe eine Fantasie,
die du noch nie jemand
anderem verraten hast.

4

Wo würdest du außerhalb des Hauses gerne einmal Sex haben?

5

Nenne eine berühmte Person, mit der du eine leidenschaftliche Nacht verbringen möchtest. Was macht diese Person sexy?

6

Was hältst du von Rollenspielen oder Verkleiden? Beschreibe ein Rollenspiel-Szenario, das dich anmachen würde.

7

Benutzt du gerne Sexspielzeug im Schlafzimmer? Was ist dein Lieblingsspielzeug? Gibt es etwas, das du nicht hast, aber gerne ausprobieren möchtest?

8

Wie würdest du es finden, dabei zuzusehen, wie dein Partner mit jemand anderem rummacht? Wie wäre es, wenn du ihnen beim Sex zusehen würdest?

9

Beschreibe von Anfang bis Ende deine Vorstellung von einem erotischen Date.

10

Nenne drei Songs, die du gerne beim Sex hören würdest. Warum diese Lieder?

11

*Sage deinem Partner, was
an seinem Körper am
attraktivsten ist.*

12

Was ist attraktiver: ein heißer Körper, eine witzige Persönlichkeit oder ein brillanter Geist?

13

Wenn jemand dabei zusehen würde, wie du und dein Partner Sex haben, wer würde das sein?

14

Nenne zwei Lebensmittel, die du sexy findest oder die du gerne beim Sex verwenden würdest.

15

Was sind einige der heißesten Kleidungsstücke, die dein Partner trägt? Gibt es sonst noch etwas, dass du gerne an ihm sehen würdest?

16

Gibt es eine Sexstellung, die du schon immer mal versuchen wolltest, aber noch nie ausprobiert hast?

17

Magst du es, schmutzige Worte zu sagen oder sie von deinem Partner zu hören? Wenn ja, welche Sachen sagst oder hörst du gerne?

18

Was ist deine
Lieblingsstellung?
Warum?

19

Hast du schon einmal Strip Poker (oder ein anderes Stripspiel) gespielt? Wenn ja, beschreibe was passiert ist. Wenn nicht, würdest du es in Betracht ziehen?

20

Bist du schon mal nackt schwimmen gegangen? Wenn ja, war es ein erotisches Erlebnis? Wenn nicht, würdest du es in Betracht ziehen?

21

Würdest du jemals Swingen oder einen Partnertausch in Betracht ziehen? Wenn ja, gibt es Freunde, von denen du dir vorstellen könntest, sie zu dir und deinem Partner ins Schlafzimmer einzuladen?

22

Was hältst du vom Gedanken, „heimlich" mit deinem Partner Sex zu haben, während andere Menschen in der Nähe sind?

23

Abgesehen von Pornografie: Gibt es irgendwelche Filme, die dich anmachen? Warum?

24

Welche Art von Stimmungsbeleuchtung findest du sexy?

25

Wenn du ein Pornostar wärst, wie würde dein erster Film heißen und worum ginge es darin?

26

Macht es dich an, zu sehen, wie dein Partner mit anderen flirtet?

27

Hast du jemals Sex an einem öffentlichen Ort gehabt? Wenn nicht, würdest du es in Betracht ziehen? Wo würde das sein?

28

Hast du jemals Sex am Arbeitsplatz gehabt? Wenn nicht, würdest du es machen? Wo und wie würdest du es tun?

29

*Was ist der heißeste
Traum, den du je gehabt
hast?*

30

*Stehst du darauf,
dominant oder unterwürfig
zu sein?*

31

Würdest du jemals in Betracht ziehen, einen Amateur-Striptease zu machen? Zu welchen Liedern würdest du tanzen?

32

Beschreibe deine erste sexuelle Erfahrung. Gibt es etwas daran, das du ändern würdest?

33

Hast du jemals davon geträumt, gezwungen zu werden, deinem Partner dabei zuzusehen, wie er es jemand anderem macht?

34

Hattest du schon mal einen One-Night-Stand? Wenn ja, beschreibe was passiert ist.

35

Wurdest du jemals beim Masturbieren erwischt? Wenn ja, von wem? Was hast du gemacht, als du erwischt wurdest?

36

Würdest du jemals in Betracht ziehen, bei einer Orgie mitzumachen? Wenn ja, was wären die Voraussetzungen dafür?

37

Würdest du jemals einen FKK-Strand oder ein Hotel besuchen, in dem Kleidung optional ist?

38

Welche Körperteile einer Frau findest du sexuell am attraktivsten?

39

Welche Körperteile eines Mannes findest du sexuell am attraktivsten?

40

Würdest du deinem Partner lieber mit einem Mitglied des gleichen oder des anderen Geschlechts zusehen?

41

Was macht dich beim Sex
am meisten an?

42

Was machst du gerne nach dem Sex?

43

Was siehst du kleidungsmäßig gerne an einer Frau, mit der du ins Bett gehst? Was an einem Mann?

44

Ist dir schon mal etwas Peinliches beim Sex passiert?

45

Bist du im Bett laut oder leise? Hörst du gerne deinen Partner?

46

Wann hast du das letzte Mal masturbiert? Woran hast du dabei gedacht?

47

Was verstehst du unter „Nicht-Monogamie" und was hältst du davon?

48

Welche Fetische oder ungewöhnlichen sexuellen Vorlieben erregen dein Interesse?

49

Gibt es irgendwelche ungewöhnlichen Praktiken oder Fetische, die du schon mal ausprobiert hast?

50

Was weißt du über tantrischen Sex? Hast du es schon mal ausprobiert?

51

Würdest du in Betracht ziehen, Sex vor anderen Leuten zu haben, die dabei zusehen?

52

Würdest du mal einem anderen Paar beim Sex im selben Raum zusehen wollen?

53

Warst du schon mal bei einem Sex-Kursus irgendeiner Art? Wenn nicht, was wäre ein Kurs, bei dem du gerne mitmachen würdest?

54

Was ist das, was du im Bett am besten kannst? Wie bist du so gut darin geworden?

55

Welche Art von Küssen magst du am liebsten? Abgesehen vom aktuellen Partner: Wer hat von allen Leuten, die du je geküsst hast, am besten geküsst?

56

Wie flirtest du gerne und was gefällt dir daran, wie andere mit dir flirten?

57

Wie magst du es gerne, dass dein Partner Sex initiiert? Was ist deine bevorzugte Art des Initiierens?

58

Licht an oder aus?
Warum?

59

Was ist die heißeste „nicht-sexuelle" Sache, die jemand tun kann, um dich zu erregen?

60

Hat schon mal jemand sexy Fotos von dir gemacht? Hast du schon mal welche von jemand anderem gemacht?

61

Wer war (abgesehen vom gegenwärtigen Partner) von all deinen früheren Sexualpartnern der beste und warum?

62

Findest du Uniformen sexy? Wenn ja, welche?

63

Kann sich Eifersucht jemals erotisch anfühlen? Versuche zu beschreiben, warum du denkst, dass sie es kann oder nicht kann.

64

Hattest du jemals Sex im Auto? Wenn nicht, würdest du es gerne mal versuchen?

65

Wie oft pro Woche möchtest du idealerweise Sex haben?

66

Hattest du in deinem Leben einen bestimmten Orgasmus, der besonders hervorsticht?

67

Findest du Massagen jemals erregend? Hat bei dir schon einmal eine „unschuldige" Massage zu Sex geführt?

68

Was bevorzugst du im Schambereich, Haare oder keine Haare?

69

Hast du schon mal Analsex ausprobiert? Wenn ja, wie war es? Irgendwelche Analspiel-Fantasien?

70

Ist die Größe wichtig?
Warum oder warum nicht?

71

Hast du schon mal Handschellen oder Bondage probiert? Wenn nicht, würdest du gerne?

72

Was ist erotischer, die Augen verbunden zu bekommen oder seinem Partner die Augen zu verbinden?

73

Hast du jemals einen Lapdance erhalten oder gegeben?

74

Was ist deine liebste Tageszeit für Sex?

75

Auf welchen Teil deines Körpers bist du besonders stolz?

76

Gibt es etwas, wobei du mir gerne zusehen würdest, wie ich es alleine oder mit einer anderen Person mache?

77

Was hilft dir, dich so zu entspannen, dass du beim Sex vollständig zugegen sein kannst?

78

Beende diesen Satz: Ich liebe es, wenn du ...

79

Wenn du die Chance hättest, mit einer Person außer mir zu schlafen, wer wäre das?

80

Wer ist die „unangemessenste" Person, über die du je Fantasien gehabt hast?

81

Wenn du aus unserem gemeinsamen Bekanntenkreis eine Person auswählen müsstest, mit der ich schlafe, wer wäre es und warum?

82

Wie viele Sexualpartner hast du in der Vergangenheit gehabt? Zählt Oralsex?

83

Hattest du jemals Sex mit einem Fremden? Wenn nicht, wie viel Geld wäre nötig, damit du mit einem attraktiven Fremden Sex hättest? Und mit einem „durchschnittlichen" Fremden?

84

Hast du jemals einen Orgasmus vorgetäuscht? Wenn ja, warum? Zeig mal, wie man einen Orgasmus vortäuscht.

85

Was war der kürzeste Zeitraum, den du jemanden gekannt hast, bevor du mit ihm geschlafen hast?

86

Was war der kürzeste Zeitraum, der zwischen Sex mit zwei verschiedenen Partnern lag?

87

Kannst du dich an eine bestimmte sexuelle Begegnung erinnern, die ungewöhnlich lange gedauert hat? Beschreibe die Begegnung.

88

Hast du dich jemals zur Mutter oder zum Vater eines Freundes hingezogen gefühlt? Wenn ja, beschreibe die Person.

89

Hast du beim Sex jemals an jemand anderen als deinen Sexpartner gedacht?

90

*Was hältst du von Pornos?
Beschreibe eine Szene, die
dich beim Ansehen eines
Pornofilms erregen würde.*

91

Hattest du schon mal Telefonsex? Wenn nicht, würdest du gerne mal welchen haben? Was für Dinge würdest du sagen?

92

*Was hältst du von Sexting,
also erotische Texte oder
Chats? Was ist das
Heißeste, was man
jemandem schreiben kann?*

93

Was ist der seltsamste Ort, an dem du je masturbiert hast? Gibt es noch einen anderen Ort, an dem du es zu versuchen bereit wärst?

94

Was weißt du über das Kamasutra? Hast du jemals etwas daraus ausprobiert?

95

Hast du jemals Fantasien über einen deiner Lehrer gehabt? Wenn ja, beschreibe die Person. Wenn sich die Gelegenheit ergeben hätte, hättest du mit ihr geschlafen?

96

Was hältst du von
„Freikarten"?
(Vorübergehende
Erlaubnis, mit jemand
anderem zu schlafen.)

97

Was führt zu heißerem Sex: Romantik oder reine erotische Energie?

98

Hattest du schon mal einen Dreier? Wenn nicht, würdest du es in Betracht ziehen? Würdest du als Dritten einen Mann oder eine Frau bevorzugen?

99

Falls zutreffend: An welcher Stelle ejakulierst du gerne oder empfängst das Ejakulat deines Partners?

100

Gibt es etwas, das du als völlig „tabu" empfindest? Warum? Gibt es irgendetwas, das deine Meinung darüber jemals ändern könnte?

101

Bevorzugst du sanften
oder harten Sex?

102

Hast du jemals heimlich masturbiert, während andere Leute in der Nähe waren?

103

Magst du es, beim Sex an den Haaren des Partners zu ziehen oder an den Haaren gezogen zu werden?

104

Magst du Spanking, also beim Sex dem Partner den Hintern zu versohlen oder von ihm versohlt zu bekommen?

105

Was hältst du von BDSM? Gibt es etwas, das du gerne versuchen würdest, falls du es nicht schon getan hast?

106

*Findest du Vorspiel über-
oder unterbewertet?
Beschreibe, wie heißes
Vorspiel für dich aussieht.*

107

Was ist eine Sache, die du unbedingt gut können solltest, um mich heiß zu machen?

Verleih deinem Sexleben noch mehr Würze und entdecke alle „Lass uns reden " erotischen Fragebücher von J.R. James:

Lass uns über sexuelle Fantasien und Wünsche reden

Verleihe deinem Sexualleben Würze, indem du in sexuelle Fantasien eintauchst und deine sexuellen Interessen erforschst. Erkunde die sexuelle Vergangenheit deines Partners und finde heraus, was ihn wirklich erregt. Heizt die erotische Energie bei der Entdeckung von Dingen an, die vorher nie enthüllt wurden und sprecht aus, was euch wirklich antörnt!

Lass uns über Nicht-Monogamie reden

Interessiert an offenen Beziehungen, Swinging oder Polyamorie? Wenn du ethische Nicht-Monogamie jeglicher Art erkunden möchtest oder bereits praktizierst, werden diese aufschlussreichen Gesprächsfragen dir und deinem Partner dabei helfen, sexuelle Wünsche, Grenzen und Erwartungen gemeinsam zu untersuchen und zu diskutieren.

Lass uns über sexuelle Vorlieben und Fetische reden

Möchtest du gerne mit deinem Partner euren sexuellen Horizont erweitern? Willst du im Schlafzimmer verwegener werden, weißt aber nicht, wo du anfangen sollst? Wenn du einen inneren Wildfang hast, der nur darauf brennt, endlich freigelassen zu werden, dann ist dieses Buch für dich.

ÜBER DEN AUTOR

J.R. James weiß, dass erotische Gespräche mit dem Partner ein magisches, verbindendes Erlebnis sind. Seine Bestsellerreihe von Fragebüchern ermuntert Paare zu offenen und ehrlichen sexuellen Diskussionen. Das Ergebnis ist eine Beziehung, die sowohl erotisch aufgeladen als auch sexuell befreiend ist.